BEI GRIN MACHT SICH IHR WISSEN BEZAHLT

AF140836

- Wir veröffentlichen Ihre Hausarbeit,
  Bachelor- und Masterarbeit

- Ihr eigenes eBook und Buch -
  weltweit in allen wichtigen Shops

- Verdienen Sie an jedem Verkauf

Jetzt bei www.GRIN.com hochladen und kostenlos publizieren

Bibliografische Information der Deutschen Nationalbibliothek:

Die Deutsche Bibliothek verzeichnet diese Publikation in der Deutschen National-
bibliografie; detaillierte bibliografische Daten sind im Internet über http://dnb.d-
nb.de/ abrufbar.

Impressum:

Copyright © 2017 GRIN Verlag, Open Publishing GmbH
Druck und Bindung: Books on Demand GmbH, Norderstedt Germany
ISBN: 9783668580657

Dieses Buch bei GRIN:

http://www.grin.com/de/e-book/381352/schokolade-ein-ueberblick-ueber-herkunft-
und-produktion

Finja Volker

Schokolade. Ein Überblick über Herkunft und Produktion

GRIN Verlag

GRIN - Your knowledge has value

Der GRIN Verlag publiziert seit 1998 wissenschaftliche Arbeiten von Studenten, Hochschullehrern und anderen Akademikern als eBook und gedrucktes Buch. Die Verlagswebsite www.grin.com ist die ideale Plattform zur Veröffentlichung von Hausarbeiten, Abschlussarbeiten, wissenschaftlichen Aufsätzen, Dissertationen und Fachbüchern.

Besuchen Sie uns im Internet:

http://www.grin.com/

http://www.facebook.com/grincom

http://www.twitter.com/grin_com

Ludwig-Fresenius-Schule Hannover
Fachbereich Betriebswirtschaft

H A U S A R B E I T

im Rahmen der Lehrveranstaltung
Wahlpflichtfach
- Anfertigen schriftlicher Arbeiten -

Thema
Schokolade: Herkunft & Produktion

Finja Volker

Klasse W 10/16

Datum der Abgabe: 19.01.2017

Inhaltsverzeichnis

1. Einleitung

Der Genuss von Süßwaren, insbesondere der von Schokolade, soll dazu beitragen, das heutige Bedürfnis der Käufer nach Anregung und Entspannung zu befriedigen. Dies unterstreicht das folgende Zitat von Nina Sandmann: „Das Leben ist wie Schokolade, die man Stück für Stück genießen und sich langsam auf der Zunge zergehen lassen soll."[1]

Schokolade kommt in sehr vielen Produkten vor. Egal, ob sie eine feste oder flüssige Form haben, heiß oder kalt serviert werden. Die Schokolade weckt bei vielen Erwachsenen Kindheitserinnerungen. Auch Kinder lieben Schokolade, da sie sehr süß im Geschmack ist. Zudem ist Schokolade immer eine gute Idee zum Verschenken. Sehr beliebt ist sie auch als Geschenk zu besonderen Feiertagen wie Ostern, Valentinstag, Weihnachten oder Muttertag.

In dieser Hausarbeit möchte ich Ihnen einen süßen Überblick über Schokolade geben. Zum einen über ihre Geschichte und Herkunft, zum anderen über die verschiedenen Vorgehensweisen ihrer Herstellung bis hin zum fertigen Endprodukt.

2. Geschichte der Schokolade

Schokolade ist ein sehr traditionsreiches Lebensmittel. Ihr Ursprung liegt begründet in der Entdeckung und Weiterverarbeitung von Kakao. Kakao - der Grundstoff für das Produkt Schokolade - stammt vom Kakaobaum, der auch Theobroma cacao genannt wird. Ursprünglich stammt das Wort, wie auch die Pflanze, aus Mittelamerika. Vor über 3.500 Jahren wurde die Urform der Trinkschokolade dort zu allererst zubereitet. Später wurde diese Kultur durch die Maya und Azteken weiter übernommen. Für die Azteken und Mayas war der Kakaobaum heilig. Nur die Adeligen, Krieger und Priester durften den Kakaotrank genießen.

An der Küste Mexikos entdeckten im Jahre 1519 auch die Spanier die Verwendung von Kakaobohnen. Hermán Cortés hat die Kakaobohnen entdeckt und sie mit nach Europa gebracht. Der ursprüngliche Kakaotrunk war nicht sehr beliebt bei den Menschen. Nachdem er jedoch mit Rohrzucker versüßt wurde, wurde er zum festen Bestandteil des spanischen Hofzeremoniells. Spanien beherrschte über 100 Jahre lang den Kakaobohnenmarkt. Auch in dieser Zeit war die Schokolade nur für Wohlhabende und Adelige bestimmt. „Erst als die bürgerliche Klasse um 1850 die Adelsherrschaft in Europa verdrängt hatte, ging die Epoche der Schokolade als aristokratischem Modegetränk zu Ende."[2]

---

[1] Vgl. Sandmann, Nina, www.ritter-sport.de
[2] Vgl. Alfred Ritter GmbH, www.ritter-sport.de

Kakaopulver wurde erstmals 1828 von Coenraad Johannes van Houten hergestellt. Die erste Tafelschokolade produzierten Fry & Sons im Jahr 1847. Der Durchbruch der Milchschokolade gelang 1875 dem Schweizer Erfinder Daniel Peters. Für die Herstellung der Milchschokolade benötigte er das Milchpulver, das wiederum von Henry Nestlé erfunden wurde.

3. Kakaoanbau

3.1 Hauptanbaugebiet und Arbeitsbedingungen

Heutzutage wird der Kakao überwiegend in Afrika und Südamerika angebaut. Hierbei wird sehr viel Pflanzenschutzmittel verwendet. Die Arbeitsbedingungen sind sehr schlecht. Ein fairer Handel (Fairtrade) soll die aktuelle Situation auf den Kakaoplantagen verbessern.

3.2 Kakaobaum

Der Kakaobaum (Theobroma Cacao) gehört zu den Malvengewächsen und erreicht eine Höhe von bis zu 15 Metern. Auf den Plantagen wird er auf ungefähr 4 Metern gestutzt. Er braucht eine hohe Luftfeuchtigkeit, einen Niederschlag von 2.000 mm pro Jahr und eine mittlere Jahrestemperatur von 25 bis 28 Grad Celsius. Malvengewächse sind beispielsweise auch Blumen, Sträucher, Bäume oder Lianen. Sie weisen eine faserige Borke auf. „Häufig sind auch feine Haare an verschiedenen Pflanzenteilen vorhanden. Sehr selten weisen Malvengewächse hingegen Dornen auf."[3] Der Kakaobaum wächst im Schatten großer tropischer Bäume (z. B. unter den Blättern des Bananenbaums) und ist ein langer dünner Unterholzbaum.

Die Kakaofrucht (Kauliflorie) wächst direkt am Stamm. Dies kommt nur bei sehr wenigen Pflanzen vor. Der Stamm ist etwa. 20 cm breit. Die Frucht wächst über das ganze Jahr und reift in circa sechs Monaten. Die Blätter sind über das ganze Jahr grün. Am Kakaobaum entstehen drei bis vier Mal im Jahr neue Blätter.

4. Kakaoblüte

Im Alter von zwei bis drei Jahren bildet der Kakaobaum Blüten. Ab diesem Zeitpunkt blüht er dann mehrmals im Jahr. Die Blüten haben eine hellrote bis weiße Farbe. „Sie bestehen aus fünf schmalen, rosenroten Kelchblättern und fünf Blütenblättern."[4]

Die natürliche Bestäubung erfolgt durch kleine Mücken. Sie ist aber nur zu 5% erfolgreich. Daher werden zusätzlich auf den Plantagen die Blüten künstlich bestäubt. Bei der künstlichen Bestäubung wird mit Hilfe einer Pinzette der Pollenstaub einer anderen

---

[3] Vgl. Hammerschmidt, Dominik, www.gartenratgeber.net
[4] Vgl. Weber, Jochen, www.foto-grafo.de

Pflanze auf die Pollennarben der zu bestäubenden Blüte übertragen. Um die Blüte zu schützen, wird sie für ein paar Tage abgedeckt.

5. Kakaofrucht

Die Kakaofrüchte haben unterschiedliche Farben. Die unreife Frucht ist grün, während die reife, je nach Sorte, eine gelbe, gelbrote, rote bis braunrote Farbe aufweist. Die Schote hat die Form einer Gurke und ist etwa 25 cm lang und 10 cm dick. In der Frucht sind zwischen 25 und 50 Kakaosamen vorhanden, je nach Größe. Die Kakaosamen sind immer in fünf Längsreihen angeordnet und im Fruchtfleisch eingebettet. Die Samen sind etwa 2 cm lang und 1 cm breit. Jeder Kakaobaum trägt etwa 20 bis 30 Früchte pro Jahr.

6. Kakaosorten

6.1 Vorbemerkung

Es gibt mittlerweile über 1.000 Kakaoarten. Der Handel erfolgt in der Regel nach der Herkunftsregion. Man unterscheidet grundsätzlich zwischen drei Kakaosorten. Dies sind Criollo, Forastero und Trinitario.

6.2 Criollo

Dieser Edelkakao stammt aus Venezuela. Er hat einen geringen Säuregehalt und wenige Bitterstoffe. Die Criollo-Kakaopflanze ist sehr anfällig für Krankheiten und nicht so fruchtbar wie andere Kakaopflanzen. Deshalb wird die Sorte nur sehr selten sortenrein angebaut. Aus diesen Gründen ist ihr Preis deutlich höher als der anderer Kakaosorten.

6.3 Forastero

Dieser Kakao hat seine Herkunft ursprünglich aus den Amazonasgebieten. In der heutigen Zeit findet man ihn weltweit auf allen großen Kakaoanbaugebieten wieder. Der Forastero-Kakao ist sehr robust und widerstandsfähig. Somit ist er der meist angebaute und verarbeitete Kakao auf der Welt. Man bezeichnet ihn auch als Konsumkakao, da er in fast allen Produkten von Schokolade und Pralinen verwendet wird. Im Geschmack ist er weniger aromatisch als die Kakaosorte Criollo. Dafür schmeckt er bitter und kräftiger.

6.4 Trinitario

Dieser weitere Edelkakao stammt, wie der Name vermuten lässt, aus Trinidad und ist eine Mischung aus den Sorten Criollo und Forastero. Die Pflanze ist im Anbau sehr robust. Geschmacklich ist sie sehr aromatisch und angenehm.

7. Verarbeitung von Kakaofrüchten

7.1 Ernte

Die Kakaofrüchte werden bei der Ernte mit einer Machete von Stamm und den Ästen geschnitten. Hierbei muss man aufpassen, dass die Fruchtansätze nicht vom Holz abgetrennt werden, denn aus dem Holz entwickeln sich neue Blüten. Die geernteten Früchte

werden auf den Sammelplatz der Plantagen zusammengetragen. Anschließend werden sie mit der Machete geöffnet, um das Fruchtfleisch, die Pulpa mit den Samen zu entfernen.

„Der durchschnittliche Ertrag an Kakaobohnen liegt bei 500 Kilogramm pro Hektar und unter einem Kilo pro Baum."[5]

Abbildung 1: Kakaoernte mit der Machete [6]

7.2 Fermentation

Fermentation bedeutet, dass die frischen Kakaobohnen circa eine Woche gegart werden. Dafür werden sie auf Bananenblättern ablegt und zum Schutz mit weiteren Blättern bedeckt. „In der tropischen Hitze setzt sofort ein biochemischer Gärprozess ein."[7] Das Fruchtfleisch, welches sich noch in der Bohne befindet, verflüssigt sich und fließt ab. Die Temperatur steigt auf bis zu 50°C. Durch den hohen Anstieg der Temperatur sterben die Kakaosamenkeime ab. Der bittere Geschmack schwächt stark ab. Gleichzeitig verändert sich die Farbe von weißlich-gelb zu schokoladenbraun.

Bei der Kakaoverarbeitung ist die Fermentation ein wichtiger Prozess. Hierbei bilden sich Aromastoffe. Aus diesen entwickelt sich später beim Trocknen und Rösten das endgültige Kakaoaroma. Die Kakaobohnen saugen sich in diesem Prozess mit viel Flüssigkeit voll, die aus dem Fruchtfleisch stammt. Sie dürfen nicht mehr als sechs bis sieben Prozent Feuchtigkeit haben, um sie lagern zu können.

7.3 Trocknen

Nach der Fermentation werden die Bohnen, die noch etwa 60% Wasser enthalten, getrocknet. Dies verbessert die Haltbarkeit. Sie werden auf Matten oder Tabletts verteilt und bis zu zwei Wochen der Sonne ausgesetzt, wobei sich das Gewicht der Bohnen um mehr als die Hälfte reduziert. Dadurch verringert sich das Wassergehalt auf maximal

---

[5] Vgl. Alfred Ritter GmbH, www.ritter-sport.de
[6] Vgl. Rosenthal, Laif Daniel, www.stadtgottes.de
[7] Vgl. Funke, Rüdiger, www.schokoinfo.de

7%. Die Sonnenstrahlung trägt auch dazu bei, dass sich das Aroma weiterhin positiv entwickelt.

7.4 Transport

Zur Weiterverarbeitung werden die Kakaobohnen nach Europa verschifft. Hierzu werden sie in Jute- oder Sisalsäcke abgefüllt. Um die Bildung von Dunstwasser und Schimmel zu vermeiden, werden die Kakaobohnen im Bauch des Schiffes in sogenannten Kaffeecontainern gelagert. „Diese werden mit Ventilatoren belüftet und sind mit Antikondensationsfolien ausgestattet."[8] Sobald sie mit dem Schiff am Ziel angekommen sind, geht die Fahrt entweder mit der Bahn, dem LKW oder dem Binnenschiff zur Weiterverarbeitung zu den Fabriken. In der Schokoladenfabrik wird geprüft, welche Kakaobohne für welche Schokolade verwendet werden darf.

7.5 Rösten

In der Fabrik werden die Kakaobohnen zunächst gründlich gereinigt. Danach werden sie mit Heißluft auf Gitterrosten oder rotierenden Trommeln bei 130 - 150°C zwischen 10 bis 35 Minuten geröstet. Hierdurch nimmt der Wassergehalt der Bohne weiter ab. Bei der Röstung lösen und lockern sich die Schalen der Kerne. Auch die Qualität der Kakaobohne spielt bei der Dauer der Röstzeit eine große Rolle. Im Gegensatz zum Edelkakao wird der Konsumkakao bei einer höheren Temperatur geröstet.

7.6 Brechen und Schälen

Nachdem die Kakaobohnen abgekühlt sind, werden sie durch das Brechen und Schälen von ihrer Schale befreit. Hierfür werden zwei Methoden angewandt. Bei der ersten Methode, der Riffelwalze, werden die Kakaobohnen in der Brechanlage in kleine Stücke zerstört. Dadurch entsteht der Kernbruch, auch Nibs genannt. Die Unreinheiten werden durch einen kräftigten Luftstrom und verschiedene Sieb- und Rüttelstufen beseitigt. Bei der zweiten Methode, der Pralltechnologie, werden die Kakaobohnen mit hoher Geschwindigkeit gegen Stahlplatten geschmettert. Dadurch bricht die Schale auf. Hier besteht der Vorteil darin, dass alle Kakaobohnen perfekt aufgebrochen werden. Allerdings ist der Gewinn am Nibs größer. Wie bei der ersten Methode erfolgt die Auslesung durch einen Luftstrom und verschiedenen Siebstufen.

7.7 Mahlen

Nachdem die Kakaobohnen gebrochen und geschält wurden, werden sie durch die Vor- und Feinmühle weiter zerkleinert. „In den Feinmühlen befindet sich ein Kugelmahlwerk aus lauter kleinen Metallkügelchen. Durch die gegenseitige Reibung wird bei diesem Mahlvorgang das Zellgewebe der gebrochenen Kakaokerne aufgerissen."[9] Dadurch entsteht Reibungswärme. Die Reibungswärme lässt die Kakaobutter, die sich in der Kakaobohne befindet, schmelzen. Es entsteht eine flüssige, leuchtende, dunkelbraune, aromatische Kakaomasse.

---

[8] Vgl. Alfred Ritter GmbH, www.ritter-sport.de
[9] ebd.

8. Herstellung von Schokolade[10]

8.1 Herstellungsprozess (Grafik)

Abbildung 2: Übersicht Produktionsprozess [11]

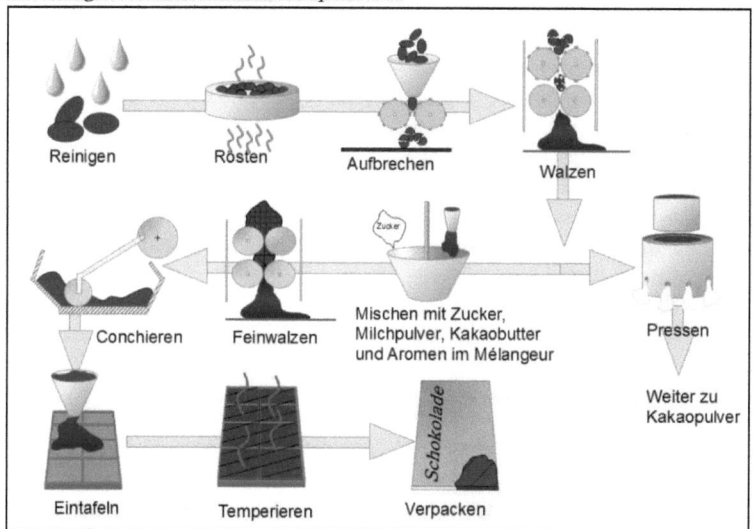

8.2 Vermischen der Zutaten

Zuallererst wird die Kakaomasse mit den jeweiligen Zutaten vermengt. Die Grundzutaten sind Kakaobutter, Zucker und Milchpulver. Je nach Rezept kommen noch andere Zutaten hinzu. Die Zutaten werden in einem Mixer verrührt. Das kann bis zu 30 Minuten dauern. Aus den unterschiedlichen flüssigen und festen Zutaten wird dann eine feste, knetfähige und feinkörnige Masse. Diese schmeckt jetzt schon fast wie die fertige Schokolade, fühlt sich aber wegen einzelner größerer Körner auf der Zunge noch etwas sandartig an.

8.3 Raffinieren

Erst mit dem Raffineur, einer Verfeinerungsmaschine, bekommt die Schokolade eine möglichst weiche Konsistenz. Die Kakaomasse wird mit dem Raffineur durch mehrere Walzen zu einer dünnen Schicht gewalzt. Der Walzprozess hat nicht nur Einfluss auf die Feinheit der Schokoladenmasse, sondern auch auf das Aroma. Die Partikel unterliegen beim Walzen starken Druck- und Scherkräften. Zusätzlich steigt die Temperatur in diesem Prozess stark an. „Wird die Schmelztemperatur des Zuckers überschritten, verformt sich dieser plastisch und liegt nach dem Walzen amorphisiert vor.“[12] Dies bedeu-

---

[10] Vgl. Homborg, Kirsten, www.theobroma-cacao.de
[11] Vgl. Oettler, Mario, www.schoki-welt.de
[12] Vgl. Homborg, Kirsten, www.theobroma-cacao.de

9

tet, dass amorpher Zucker Aromastoffe an- und einlagern kann, was wiederum den Geschmack der Schokolade beeinflusst.

Beim Feinwalzen wird das so genannte Zweistufenverfahren eingesetzt:

- 1. Stufe: In der ersten Stufe wird das Zweiwalzwerk eingesetzt, das aus zwei rotierenden Walzen besteht. In diesem Prozess wird die Schokoladenmasse durch den Spalt zwischen den Walzen gepresst.
- 2. Stufe: In der zweiten Stufe wird das Fünfwalzwerk eingesetzt. Dies besteht aus fünf Walzen, die übereinander angeordnet sind. Die Walzen werden durch hydraulischen Druck sehr stark zusammengedrückt. Dadurch verkleinern sich die Abstände der Walzen nach oben. „Die Schokoladenmasse durchläuft nun von unten nach oben die Walzenzwischenräume und wird dabei immer enger zusammengedrückt."[13] Durch diesen Prozess ist die Kakaomasse nur noch wenige tausendstel Millimeter dick. Ein wesentliches Qualitätsmerkmal ist, wie klein die Masse gewalzt wird. Umso feiner sie ist, desto besser.

Durch das Walzen wird die Schokolandemasse auch zum flockigen Pulver. „Dies erklärt sich damit, dass die einzelnen Stückchen jetzt extrem zerfurcht und porös sind und das Fett (Kakaobutter), das sie zuvor noch umgeben hat, in diesen Spalten verschwunden ist."[14]

8.4 Conchieren

In diesem Prozess wird die Schokolade im Conche umgerührt und bis zu 90 Grad Celsius erwärmt. Dadurch fließt das Fett wieder aus den Spalten heraus und verteilt sich gleichmäßig um die Teilchen. Hieraus entsteht eine flüssige Masse. Der Feuchtigkeitsgrad beträgt nun weniger als 1%, weil der Masse durch Sauerstoff und Wärme Feuchtigkeit entzogen wird. Durch das Conchieren kommt es zu einer Umverteilung in der Masse. Es lösen sich Aromastoffe aus dem Fett, die von den Partikeln aufgenommen werden. Hierbei wird die Zuckeroberfläche aromatisiert und es kommt zu einem harmonischeren Geschmack. Je nach Rezept wird nach dem Conchieren noch einmal Kakaobutter hinzugefügt. Früher wurde die Schokolade bis zu 72 Sunden conchiert. In der heutigen Zeit dauert es nur noch circa 12 bis 48 Stunden. Die benötigte Zeit ist von unterschiedlichen Faktoren abhängig. So z. B. vom Alter der Maschine, dem gewünschten Ergebnis, der Rezeptur und den verwendeten Kakaobohnen.

8.5 Temperieren / Vorkristallisieren

Die Schokoladenmasse hat nach dem Conchieren eine Temperatur von 50 Grad Celsius. Für die Weiterverarbeitung ist sie noch zu dünnflüssig. Daher werden der Masse Fettkristalle zugefügt. Anschließend wird die Schokolade langsam auf 28 Grad abgekühlt. Durch diesen Prozess wird verhindert, dass sich Fettreif bildet. Dieser würde durch das Auskristallisieren der Kakaobutter entstehen und weiße Flecken auf der Schokolade hin-

---

[13] Vgl. Homborg, Kirsten, www.theobroma-cacao.de
[14] ebd.

terlassen. Obwohl dies keine Auswirkung auf den Geschmack hat, soll es vermieden werden, da es nicht sehr ansprechend aussieht.

9. Zutaten

9.1 Kakaomasse

Die Kakaomasse ist Grundbestandteil der Schokolade. Sie besteht aus mehreren Kakaobohnen. Dadurch, dass die Bohnen geröstet und zermahlen werden, entsteht eine sogenannte Reibungswärme. Durch diese Wärme wird die Kakaobutter freigesetzt und es entsteht eine dunkelbraune, flüssige Kakaomasse. Die Kakaomasse kann vielseitig weiterverarbeitet werden, wie z. B. zu Kakaobutter, Kakaopulver oder Schokolade.

9.2 Kakaobutter

Abhängig davon, welche Schokoladensorte hergestellt wird, wird eine bestimmte Menge an Kakaobutter in die Mischanlage hinzugefügt. Zudem wird bei manchen Schokoladensorten ein Teil der Kakaobutter schon beim Conchieren beigefügt.

9.3 Zucker

Der Zucker wird ebenfalls zu Beginn in die Mischanlage eingefüllt. Er hat die gleiche Qualität wie handelsüblicher Haushaltszucker. In erster Linie wird für die Herstellung ein mittelfeiner Zucker verwendet, der eine Korngröße von 0,5 mm bis 1,25 mm hat. Statt Zucker könnte man auch Puderzucker (Staubzucker) einsetzen, da der Zucker noch mit der Schokoladenmasse feingemahlen werden muss. Im Fabrikeinsatz ist der Puderzucker jedoch schwieriger zu verarbeiten. Außerdem besteht die Gefahr einer Staubexplosion. In der heutigen Zeit wird deshalb hierauf verzichtet.

9.4 Milchpulver

Bei dunkler Schokolade wird keine Milch verwendet. Milchpulver wird dagegen bei der Herstellung von Milch- oder Vollmilchschokolade verwendet und in die Mischanlage gegeben. Bei der Schokoladenherstellung wird sehr selten frische Milch verwendet, da sie einen hohen Wasseranteil von 87% hat. Der Wassergehalt muss vor der Verwendung erst reduziert werden. Das Milchpulver hat nun eine Feuchtigkeit von 4,5% bis 5%. Statt Milchpulver kann auch Blockmilch verwendet werden. Diese hat ein Wassergehalt von 9% bis 15%, je nach Sorte. „Unter Milch wird im allgemeinen Kuhmilch verstanden."[15] Nur die Schokolade, die aus dem Raum der Alpen kommt, darf sich Alpenmilch oder Alpenvollmilchschokolade nennen. In Europa ist nicht nur die Kuhmilchschokolade auf dem Markt vertreten, sondern auch Schaf- und Ziegenmilchschokolade. Im arabischen Raum gibt es auch Schokolade, die aus Kamelmilch besteht.

---

[15] Vgl. Homborg, Kirsten, www.theobroma-cacao.de

9.5 Sahnepulver

Um eine besonders cremige Schokolade zu erhalten, kann anstelle von Milchpulver auch Sahnepulver verwendet werden. Sahnepulver kann aber auch als extra Zutat hinzugegeben werden. Dies geht allerdings nur bei Milch- bzw. Sahneschokoladen.

9.6 Emulgatoren

Ein Emulgator wird eingesetzt, damit sich das Fett der Kakaobutter und die anderen Zutaten homogen vermischen lassen. Hierfür wird meistens Lecithin verwendet. Lecithin wird aus Soja gewonnen. Die Schokolade kann auch ohne die Emulgatoren hergestellt werden. Da dies zu aufwendig ist und es eine verbesserte Rezeptur benötigt, werden sie bei den meisten Herstellern eingesetzt. Durch die Verwendung von Emulgatoren sparen die Hersteller auf verschiedene Art und Weise Geld. Zum Beispiel wird beim Conchieren weniger teure Kakaobutter benötigt, da durch den Emulgator die Viskosität herabgesetzt wird. „Die Viskosität ist ein Maß für die Zähflüssigkeit eines Fluids."[16] Zudem kann die Conchierzeit herabgesetzt werden. Das spart Energiekosten. Die Emulgatoren haben einen positiven Einfluss auf die Hitzebeständigkeit, die Haltbarkeit und den Glanz der Schokolade.

9.7 Gewürze und Aromen

Viele Schokoladen enthalten Gewürze oder Aromen. Um der Schokolade den Namen eines Gewürzes oder Aromas (z. B. Vanille-Schokolade) geben zu können, muss der Anteil des Gewürzes oder Aromas mindestens 1% betragen. Es kommen folgende Gewürze / Aromen für die Schokolade in Betracht: Vanille, Kardamom, Koriander, Muskat, Nelken, Pfeffer (schwarzer oder weißer), Chili, Piment, Anis, Curry, Sternanis, Basilikum, Zimt, Kaffee und Tee. Am häufigsten wird das Vanillegewürz verwendet. Es wird in kleinen Mengen verwendet, um das Aroma der Schokolade zu unterstützen. Es wird neben natürlicher Vanille auch künstliche Vanille eingesetzt.

9.8 Cerealien

Am häufigsten werden Cerealien für Schokoriegel verwendet. Cerealien sind Ölsamenfrüchte, Getreide sowie getrocknete Früchte. „Als Cerealien bezeichnet man sie meist dann, wenn sie in Stücken zugegeben werden."[17] Vor allem Früchte werden oft in Form von Pulver oder Öl angewandt. Somit fallen diese dann nicht unter Cerealien.

9.9 Alkoholische Zutaten

Sehr oft werden Pralinen mit Alkohol befüllt. Hierfür werden gebrannte Wasser oder Liköre verwendet. Selten wird auch Wein oder Champagner verwendet. Es kommen folgende alkoholische Getränke für die Schokolade in Betracht: Amaretto, Arrak, Aprikosenbranntwein, Baileys. Batida de Coco, Bier, Cachaca, Cognac, Eierlikör, Gin, Grappa, Portwein, Rum, Wodka und viele mehr.

---

[16] Vgl. Lippold, Björn, ww.chemie.de
[17] Vgl. Homborg, Kirsten, www.theobroma-cacao.de

9.10 Früchte und Trocknungsverfahren

Bei der Herstellung von Schokolade werden oft getrocknete Früchte verarbeitet. Dies wirkt sich positiv auf die Haltbarkeit aus. „Sie werden im Ganzen (zum Beispiel Sultaninen) zerkleinert (zum Beispiel Erdbeerstückchen) oder sogar als fein verteiltes Fruchtpulver eingesetzt."[18] Es gibt unterschiedliche Techniken der Trocknung. Dies ist abhängig von der Frucht und der Anwendung. Bei der Sonnentrocknung werden die Sultaninen grundsätzlich in Kalifornien in der Sonne getrocknet. Durch die Sonneneinstrahlung verlieren sie sehr viel Wasser wodurch sich das Aroma bildet. Demgegenüber ist die Gefriertrocknung eine sehr schonende Methode der Trocknung. Bei dieser Methode werden die Früchte zuerst tiefgefroren. Anschließend werden sie in eine Vakuumkammer gegeben. Hierbei geht das Wasser, welches in den Früchten enthalten ist, direkt in einen gasförmigen Zustand über. Dadurch werden die Früchte getrocknet. Zur Herstellung von Fruchtsaftpulver werden Fruchtsäfte oder Fruchtpürees verwendet. Diesen wird Wasser entzogen, um sie dann im Vakuum zu konzentrieren. Dadurch verdampft das Wasser um mehr als die Hälfte. Den Konzentraten werden Maltodextrin oder Glukosesirup beigesetzt. Hierdurch soll vermieden werden, dass die Masse verklumpt. In großen Türmen wird dieses Gemisch durch heiße Luft in kleinen Tropfen versprüht. Während der Trocknung fallen die Tropfen nach unten. Unten angekommen, können sie in Form von Pulver entnommen werden. Bei diesem Prozess werden die Früchte schonend getrocknet. Somit behalten sie ihre Farbe und einen Teil des Aromas bei.

10. Herstellung von Kakaopulver

10.1 Alkalisieren (Dutching)

Das Alkalisieren wird auch Dutching genannt. Durchgeführt wird dies mit dem Kakaobruch oder der Kakaomasse. „Beim Dutching wird das Pulver mit Alkalisalzen behandelt (z. B. mit Pottasche oder Natriumcarbonat)".[19] Hierdurch löst sich das Fett leichter aus der Kakaomasse. Zudem hat das Dutching Einfluss auf die Farbe und den Geschmack des Kakaopulvers.

10.2 Pressen

Die Kakaomasse wird auf 80° Celsius bis 90° Celsius vorgewärmt. Anschließend wird die Masse in dafür vorgesehenen hydraulischen Pressen zusammengedrückt. Durch diesen Vorgang entsteht ein hoher Druck und somit wird auch das Fett herausgedrückt. Der Druck liegt bei 900 bar. Je nach Pressdauer reduziert sich das Fettgehalt von 52% auf 10% bis 22%. Es entstehen hierdurch sogenannte Kakaopresskuchen. Nur die Kakaopresskuchen, die weniger als 30% Fett haben, lassen sich zu Kakaopulver verarbeiten. Ansonsten würde die Masse klumpen.

---

[18] Vgl. Alfred Ritter GmbH, www.ritter-sport.de
[19] Vgl. Homborg, Kirsten, www.theobroma-cacao.de

10.3 Instantisieren

Soll aus diesem Kakaopulver nun Instantpulver, also Getränkepulver hergestellt werden, muss es sich mit kalter Milch und kaltem Wasser gut lösen lassen, um die Entstehung von Klumpen und das Absetzen des Pulvers am Boden zu vermeiden. Hierzu wird der Kakaokuchen mit Dampf oder einem wässrigen Aerosolnebel oberflächlich benetzt und dadurch verklebt. So wird die Löslichkeit verbessert.

10.4 Pulverisieren

Direkt nach dem Instantisieren wird der Presskuchen zermahlen und zu einem feinen Kakaopulver verarbeitet. Dies erfolgt mit Hilfe von Stachelwalzenbrechern.

11. Schokoladensorten

11.1 Vorbemerkung

Auf dem Markt gibt es ein vielfältiges Angebot von Schokolade, das sich nach Sorte, Qualität und Geschmack unterteilt. Alle Schokoladensorten enthalten Kakaobutter. Ist dies nicht der Fall, darf man das Produkt nicht als Schokolade bezeichnen. Schokoladensorten werden in drei Gruppen eingeteilt. Die erste Gruppe ist die Bitterschokolade, die zweite ist die Milchschokolade und die dritte und damit letzte Gruppe ist die weiße Schokolade.

11.2 Bitterschokolade

Typisch für die bittere Schokolade ist es, dass sie einen hohen Anteil von Kakao hat und sehr dunkel ist. Sie ist im Geschmack kräftig und herb. Der Kakaoanteil beträgt 70% oder mehr. Außerdem hat sie einen geringen, bzw. keinen Milchanteil. Bevorzugt wird die bittere Schokolade eher von den Erwachsenen. Kinder bevorzugen meist Schokolade mit süßerem Geschmack. Auf der Verpackung der Schokolade ist der Kakaoanteil ersichtlich. Dies ist gesetzlich geregelt. Es gilt, umso höher der Kakaoanteil ist, desto wertvoller ist die Schokolade. Zur Bitterschokolade gehören zudem noch die Zartbitter und Halbbitterschokolade.

In der Zartbitterschokolade ist ein Kakaoanteil von etwa 55%, ein Zuckeranteil von 45% und ein Kakaobutteranteil von 5% enthalten. Sie ist im Gegensatz zur Vollmilchschokolade viel fester in der Konsistenz, da sie kein Milchpulver enthält.

Halbbitterschokolade ist im Handel an sich nicht käuflich. Vorwiegend wird sie für die Herstellung von Schokoriegeln und Verzierungen verwendet. Sie hat eine sehr stabile Form und ist nicht besonders gut zum Schmelzen geeignet. Besonders gut geeignet ist sie für Dekorationszwecke für Torten und Pralinen. „Ihre Zusammensetzung besteht aus 48% Kakao, 48% Zucker, und 4% Kakaobutter."[20]

---

[20] Vgl. Ellerbrock, Frank, www.schokolade-abc.de

11.3 Vollmilchschokolade

Neben den Bestandteilen enthält Vollmilchschokolade zusätzlich einen geringen Anteil von Milchpulver. Durch das Milchpulver hat sie eine weichere und zartere Konsistenz. Durch den hohen Calciumgehalt der Milch ist sie gut für die Knochen. „Ihr hoher Zuckeranteil macht sie süßer, aber auch ein wenig figurunfreundlicher als ihre bitteren Kollegen."[21]

11.4 Weiße Schokolade

Da die weiße Schokolade keinen Kakao enthält, ist sie eigentlich gar keine Schokolade. Jedoch gibt es hier eine gesetzliche Vorgabe, wonach auch sie sich als Schokolade bezeichnen darf. Laut dieser gesetzlichen Vorgabe müssen in einer 100 Gramm Tafel Schokolade mindestens 20% Kakaobutter enthalten sein. Sie beinhaltet Milchpulver und einen hohen Zuckeranteil. Verfeinert wird die weiße Schokolade im Anschluss mit dem Aroma der Vanille. Damit aus der Verwendung der Kakaobutter kein Abfallprodukt wird, wird diese gezielt abgespalten.

12. Verpackung

Die Verpackung dient als Schutz vor Kälte und Wärme. Zusätzlich schützt sie auch vor Aromaverlusten und Beschädigungen. Direkt nach der Produktion wird die Schokolade verpackt. Sobald sie abgekühlt ist, wird sie weitergeführt zu den Packmaschinen. Die Verpackung setzt sich aus einer Innenschicht und einer äußeren Schicht zusammen, Die Innenschicht bestehend aus Aluminiumfolie. Sie schützt vor Aromaverlusten. Die äußere Schicht besteht entweder aus Karton oder Papier. Um die Verpackung umweltfreundlicher zu machen, wird eine Einstoffverpackung verwendet, bestehend aus Polypropylen. Dadurch wird die Schokolade direkt in eine bedruckte Folie geschweißt. Somit ist eine Umverpackung nicht mehr nötig.

13. Inhaltsstoffe und Kalorien

Die typischen Inhaltsstoffe der Schokolade sind Kohlenhydrate, Ballaststoffe und Mineralien. Diese sind bei der Bitterschokolade deutlich höher als bei der Milchschokolade. Zudem beinhaltet Schokolade Substanzen, die angeblich glücklich, wach und munter machen sollen. So ist beispielsweise im ungesüßten Kakaopulver ein koffeinähnlicher Stoff vorhanden.

Eine Tafel Schokolade enthält 500 Kalorien. Deshalb sollte man Schokolade lieber stückchenweise genießen. Die gesündeste Schokolade ist die dunkle Schokolade. Sie enthält lediglich 500 Kalorien, also 50 Kalorien weniger als die Vollmilch- und weiße Schokolade. Positiv ist auch, dass sie nur 44 Gramm Zucker beinhaltet. Leider hat sie

---

[21] ebd.

einen Fettgehalt von 36 Gramm, der bei der Vollmilchschokolade am geringsten ist. Danach folgt die Vollmilchschokolade Sie hat einen ähnlichen Kaloriengehalt wie die dunkle Schokolade. Ihr Zuckergehalt liegt bei 57 Gramm, ihr Fettgehalt entspricht 29,5 Gramm. Die ungesündeste Schokolade ist die weiße Schokolade. Sie beinhaltet von allen drei Sorten die meisten Kalorien und Zucker. „In 100 Gramm stecken ungefähr 63 Gramm Zucker und 30 Gramm Fett."

14. Fazit

Vor rund 3.500 Jahren hatte die Schokolade ihren Ursprung. Seitdem gibt es eine Vielzahl von Geschichten rund um die Wirkung von Schokolade. So wird u. a. behauptet, dass sie glücklich machen, stimulierend wirken, Leistung und Durchblutung steigern und auch angeblich süchtig machen soll. Aber wie auch immer: Schokolade ist ein sehr sinnliches Genussmittel, das zart auf der Zunge schmilzt und uns mit seinem süßen

Abbildung 3: Das fertige Produkt[22] Geschmack dazu verführt, sofort noch ein Stückchen zu naschen. Sie ist heutzutage fast überall mit dabei, egal ob als Mitbringsel aus dem Urlaub, als Geschenk oder zu besonderen Anlässen.

Mit Lektüre dieser Hausarbeit können Sie sich, wenn Sie das nächste Mal ein Stück Schokolade genießen, jetzt vielleicht eine bessere Vorstellung darüber machen, was Ihre süße Kostbarkeit zuvor schon alles durchlaufen hat. Am Anfang war die Kakaobohne … doch bis das kostbare Naschwerk als Massenprodukt kaufbereit im Regal von Geschäften oder Konditoreien liegt, hat es einen sehr anspruchsvollen Fertigungsprozess hinter sich. Die industrielle Herstellung von Schokolade erfolgt dabei nach ähnlichen Prinzipien wie die Herstellung in der heimischen Küche. Die Firmen setzen jedoch präzise, elektronisch gesteuerte Anlagen ein, um eine gleichbleibend hohe Qualität sicherzustellen und die Kosten zu senken. Die Kosten für den Transport, die Logistik und die technischen Anlagen sind jedoch hoch. Trotzdem müssen wir als Verbraucher relativ wenig für die Schokolade ausgeben, da das Grundprodukt, der Kakao vergleichsweise billig ist.

Das ist gleichzeitig auch die Kehrseite der Medaille, denn die Schokolade hat hier neben ihrer süßen auch mit dem Kakaoanbau auch eine dunkle Seite. In den Hauptanbaugebieten, allen voran Afrika, bauen Farmer auf sehr vielen Plantagen Kakao unter oftmals schlechten Arbeitsbedingungen an. Die Ernte wird zu sehr niedrigen Preisen verkauft. Um eine höhere Ernte zu erzielen, wird oft die ganze Familie mit eingespannt, auch Kinder, die hart mitarbeiten müssen. Deshalb sollte man bei der Kaufentscheidung für

---

[22] Vgl. Budde, Cord, www.weinrich-schokolade.de

Schokolade möglichst zu Produkten mit Fairtrade-Siegel greifen. „Das Fairtrade-Siegel kennzeichnet Waren, die aus fairem Handel stammen und bei deren Herstellung bestimmte soziale, ökologische und ökonomische Kriterien eingehalten wurden."[23]

Wenn man das alles weiß und berücksichtigt, dann kann man sich auch mit gutem Gewissen dem folgenden Zitat von Frederic Morton, einem amerikanischen Schriftsteller anschließen: „Ein Mensch, der keine Schokolade isst, verpasst das Leben."[24]

---

[23] Vgl. TransFair e.V., www.fairtrade-deutschland.de
[24] Vgl. Morton, Frederic, www.schokonews.de

Quellenverzeichnis

Alfred Ritter GmbH, http://www.ritter-sport.de/de/anbau-herstellung/Kakao-Ernte-Eine-reife-Leistung-RITTER-SPORT/, 27.12.2016

Alfred Ritter GmbH, http://www.ritter-sport.de/de/anbau-herstellung/Kakao-Transport-Reisen-erster-Klasse-RITTER-SPORT/, 27.12.2016

Alfred Ritter GmbH, http://www.ritter-sport.de/de/anbau-herstellung/Mahlen-von-Kakao-Da-schmilzt-jede-Kakaobohne-RITTER-SPORT/, 27.12.2016

Alfred Ritter GmbH, http://www.ritter-sport.de/de/ernaehrung-gesundheit/zutaten/Frucht-Schokolade-Eine-genussvolle-Kombination-Ritter-SPPORT/ 03.01.2017

Alfred Ritter GmbH, https://www.ritter-sport.de/de/schokoladengeschichte/Schokoladengeschichte-Vom-Adelsgetraenk-zum-Volksliebling-RITTER-SPORT/, 27.12.2016

Budde, Cord, http://www.weinrich-schokolade.de/fileadmin/_migrated/pics/historie-schokolade_02.jpg, 07.01.2017

Ellerbrock, Frank, http://www.schokolade-abc.de/sorten.php, 05.01.2017

Funke, Rüdiger, https://schokoinfo.de/fermention-farbe-und-aroma-kakaoanbau-kakao-schokoinfo.html, 27.12.2016

Hammerschmidt, Dominik, http://www.gartenratgeber.net/thema/malvengewaechse, 27.12.2016

Homborg, Kirsten, http://www.theobroma-cacao.de, 03.01.2017

Homborg, Kirsten, http://www.theobroma-cacao.de/wissen/herstellung/schokoladeherstellung/, 03.01.2017

Homborg, Kirsten, http://www.theobroma-cacao.de/wissen/herstellung/zutaten/, 03.01.2017

Homborg, Kirsten, http://www.theobroma-cacao.de/wissen/herstellung/kakaopulverherstellung/, 03.01.2017

Lippold, Björn, http://www.chemie.de/lexikon/Viskosit%C3%A4t.html, 03.01.2017

Morton, Frederic, http://www.schokonews.de/2013/04/besten-schokoladen-sprueche/, 07.01.2017

Oettler, Mario, http://www.schoki-welt.de/herstellung-von-schokolade/, 27.12.2016

Rosenthal, Laif Daniel, http://www.stadtgottes.de/stago-media/img/ausgaben/2011/04/weblication/wThumbnails/Laif-Daniel-Rosenthal_01673787-lowRes-5b008ecd1c8d444g7ae27cb66bbf80e8.jpg, 27.12.2016

Sandmann, Nina, http://www.ritter-sport.de/de/schokolade-mal-anders/unterhaltung/Schokoladensprueche-Die-10-schoensten-Schokoladen-Weisheiten-RITTER-SPORT/, 27.12.2016

TransFair e.V., https://www.fairtrade-deutschland.de/was-ist-fairtrade/fairtrade-siegel.html, 07.01.2017

Weber, Jochen, http://www.foto-grafo.de/Kakao-Reportage/kakao_reportage_2.html, 27.12.2016